Permanent, indélébile, pour toujours et à jamais, encore et pour de vrai!

Isabelle Bernier

Permanent, indélébile, pour toujours et à jamais, encore et pour de vrai!

Isabelle Bernier

isabellebernierconnexion@gmail.com

Illustrations : Isabelle Bernier

Dépôt légal – Bibliothèque et archives nationale du Québec, 2018

ISBN : 978-2981680969

Magog, Québec

Permanent, indélébile, pour toujours et à jamais, encore et pour de vrai!

À Chantale et à sa Grande Gabrielle, les Inspirantes. Deux perles d'authenticité, toujours aussi « Bold », aussi colorées. Eh, oui! C'est permanent, indélébile, pour toujours et à jamais, encore et pour de vrai!

J'aime les **COULEURS**.

J'adore les...

Observer, **mélanger**, **appliquer**,

toucher, **inventer**, **créer**,

IMAGINER!

Lorsque je prends mon pinceau ou mes crayons et que je me mets à tracer des LIGNES, puis des *formes* sur ma surface de travail, ça me fait l'effet d'une surprise.

Ensuite, lorsque les couleurs apparaissent, inspirées par les images qui surgissent de mon **imagination**, je me sens **émerveillée**.

On dirait que la **V I E** occupe l'espace au complet : sur la feuille, dans ma tête, dans mon cœur, dans mes yeux, etc.

On dirait aussi que la *magie* opère. Parce que la

magie, comme la **V I E**, elles se trouvent

partout. C'est ce que je **ressens**. C'est aussi ce que je **vois** quand les animaux, les personnages, les paysages ou autres apparaissent sur un tableau, sur une feuille ou sur un écran.

Comme chacun d'entre nous, les **COULEURS** possèdent leurs **particularités**. C'est-à-dire qu'elles ne sont pas toutes **identiques**, même lorsqu'elles paraissent jumelles.

Comme les couleurs...nous ne sommes pas tous identiques

Je crois que leur richesse, leur beauté et leur force sont justement issues de ces **particularités**. C'est ce qu'on appelle la diversité.

La diversité :

- Comme chez les gens, les **COULEURS** peuvent être *pâles* ou ***foncées***.
- Elles peuvent être subtiles ou très **apparentes**.
- Elles peuvent prendre un **petit** peu, **moyennement** ou **beaucoup** d'espace.
- On peut retrouver une **COULEUR** à *plusieurs* endroits ou encore s'apercevoir qu'elle semble très *rare* et *recherchée*.
- Une **COULEUR** a aussi sa personnalité, tout comme une personne. Oui, oui!

La personnalité

Il arrive, bien sûr, que je TRACE, que je *dessine*

ou que je peigne une image et qu'elle ne

ressemble pas à ce que je voulais créer. Il arrive

aussi que le mélange de **COULEURS** que j'essaie

de reproduire ne corresponde pas du tout à ce

que j'avais en tête.

Dans ces moments-là, je me sens parfois déçue

de ne pas avoir réussi à réaliser ce que

j'**imaginais**.

Je recommence, parfois aussi. Et il m'arrive de

me sentir en colère parce que ça ne donne pas ce

que j'aurais aimé créer. Ça t'est peut-être déjà

arrivé.

Et il est possible que tu aies eu l'envie soudaine

d'exploser - de créer une **EXPLOSION** de

COULEURS!

Moi aussi.

Mais j'aime me faire surprendre par les images. Et quand une chose à laquelle je ne m'attendais pas apparaît, j'adore! L'enthousiasme revient toujours.

L'enthousiasme revient toujours

Je peux alors me sentir inspirée; ça me pousse à inventer des images différentes.

 Lorsque c'est le cas, je recommence avec de nouvelles formes ou avec encore plus de COULEURS! Ça demande beaucoup de patience et de **pratique**.

Et c'est absolument génial!

Pourquoi?

Parce que ça me permet aussi de découvrir des tonnes de façons de donner VIE à des images et à des histoires *auxquelles je n'aurais peut-être pas pensé si je ne m'étais pas trompée.*

Comme au quotidien, j'aime bien m'**imaginer** que les gens, les petits comme les grands, sont tout aussi surprenants. Parfois, mes jugements (la façon dont je perçois quelqu'un ou quelque chose) se réveillent à l'approche de la différence.

« Attention, la Différence approche! »

C'est une image un peu poétique, parce qu'on se demande comment les jugements peuvent se réveiller, mais elle est importante. Parce qu'elle parle de la capacité à **voir** et à **observer** différemment.

🖐 **Voir** : quand on voit une personne, un objet ou autre, on le fait presque instantanément; c'est ce qui nous *saute* aux yeux.

🖐 **Observer** : observer implique le temps de voir et de bien poser les yeux sur ce qui a attiré notre attention et ce qui l'entoure. La capacité d'observer, quand on crée, est *précieuse*.

La capacité de voir et celle d'observer sont d'ailleurs tout aussi utiles dans la **VIE** de tous les jours.

Voir et observer

Tu peux donc te servir de ta capacité à observer pour poser un jugement.

Tu peux aussi te permettre d'observer sans chercher à juger. En ouvrant la porte, tout simplement, à ce qui pourrait surgir de ton imagination, de ta sensibilité.

Et c'est là que ça devient intéressant, pour les humains comme pour les **COULEURS**!

Qu'est-ce que ça veut dire?

Eh bien, si je le mettais en image, je pourrais dire que chaque fois que je juge quelqu'un ou quelque chose et que je m'y arrête, c'est comme si je me trouvais devant une porte. Et que, cette porte, je la laissais fermée, sans même chercher à aller **voir** ce qui se trouve vraiment derrière.

Par contre, lorsque je me permets d'**observer** quelqu'un ou quelque chose en toute simplicité et sans chercher à émettre un jugement, je laisse la possibilité à cette porte, qui se trouve devant moi, de S'OUVRIR.

Une porte fermée…ou ouverte!

C'est là que la *magie* – l'**imagination** – opèrent!

Et c'est aussi là où je puise une grande partie de mon inspiration. Parce que l'**imagination**, comme les **COULEURS**, existent tout partout.

Elles prennent forme grâce à l'attention que tu leur porte et à l'importance que tu leur accorde.

Aussi, tu peux vraiment les accueillir lorsque que tu choisis de regarder au-delà de tes habitudes. Quand tu acceptes de te laisser SURPRENDRE.

Tu vois, créer, c'est excitant! Les COULEURS arrivent, comme les idées, lorsque tu te permets de dépasser tes jugements, tes pensées et ce qui te limite.

Enfin, je crois que la clé, c'est de permettre de t'amuser et d'explorer. De sourire aussi.

La clé

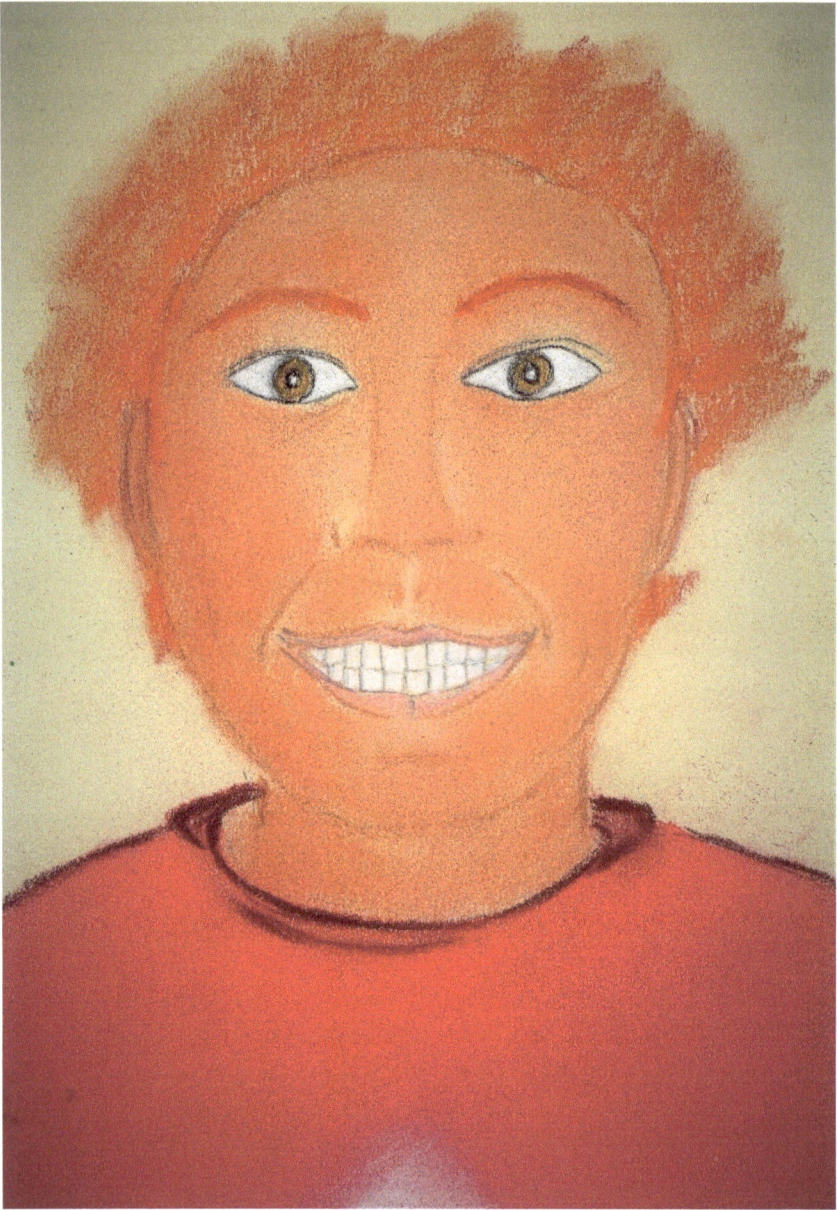

Les teintes

Créer et utiliser des **COULEURS**, c'est comme plonger dans un océan de bulles qui brillent de toutes les *teintes*.

Une *teinte* qu'est-ce que c'est?

C'est un peu comme un type de personnalité (notre caractère). Une *teinte* porte sa propre **COULEUR**, avec ses subtilités : ce qui est tout spécial à elle, pour elle. Une *teinte*, c'est une **COULEUR** qui a son accent, son attitude et sa façon de se présenter.

On ne perçoit pas toujours les **COULEURS** comme ça. Mais moi, j'aime bien m'*imaginer* qu'elles sont vivantes. Je crois même que c'est important parce que chaque **COULEUR**, chaque *teinte* occupe une place : sa place.

Comme toi, comme chacun d'entre nous.

Une **COULEUR** peut partager son espace, se mélanger, devenir éclatante, scintillante ou se faire plutôt discrète, mais elle est toujours présente, même quand elle est grisonnante.

Elle peut nous faire sourire ou nous rappeler la tristesse. Elle peut nous SURPRENDRE et nous faire rire.

Les *teintes* et les **COULEURS** sont ce qui font de chaque image un univers bien particulier.

Et c'est entre autres pour ça que j'**ADORE** travailler avec elles.

Les teintes

Chaudes ou froides

Les **COULEURS**, elles peuvent être **chaudes** et elles peuvent être **froides**.

Elles peuvent être estompées ou encore mises en valeur.

Elles peuvent naître de combinaisons inusitées et nous rendre encore plus curieux ou curieuse de les voir s'étaler sur le papier, sur un tableau ou sur un écran.

Une **COULEUR chaude**, c'est une couleur qui rappelle la chaleur, le soleil le feu. Il en existe plusieurs, comme le rouge, le jaune et l'orangé.

Une **COULEUR** *froide*, c'est une couleur qui rappelle l'eau, la nature et parfois le froid. Par exemple, le bleu et le vert.

Les **COULEURS** peuvent être aussi variées et présenter autant de subtilités que les humains, les animaux, les insectes, les oiseaux et bien d'autres encore.

On ne perçoit pas toujours la différence entre chaque type de **COULEUR** ou de *teinte*, mais il y en a **DES TONNES**!

Tu vois, j'aime bien faire le parallèle entre les **COULEURS** et les **PERSONNES QUE NOUS SOMMES**. Nous sommes tous différents et c'est ce qui fait notre unicité.

Comme les **COULEURS**, nos personnalités offrent au monde un éventail de possibilités et de beauté. Parce que les **COULEURS**, elles sont partout. Même quand il fait noir!

Les couleurs sont partout…même quand il fait noir!

La force des couleurs

Les **COULEURS** peuvent être fortes. Elles transportent toutes sortes de *teintes*, de mélanges. Pour exister, les **COULEURS** apparaissent sous forme de pigments que l'on peut mélanger à toutes sortes de médiums (base).

La force des couleurs

L'énergie des couleurs

Chaque **COULEUR** peut être comme un vent.

Comme le vent, elle souffle son énergie. Tu peux

t'en rendre plus ou moins compte. Il pourrait

arriver, par exemple, que le choix de porter des

vêtements d'une certaine couleur te permette de

te sentir mieux, plus à l'aise ou que cela

corresponde avec tes émotions.

Un vent de couleurs

Dans les cultures d'ici et d'ailleurs

L'importance, la signification et l'interprétation des COULEURS peuvent aussi varier de culture en culture. Selon notre origine, nos croyances et le lieu où l'on habite, il est possible qu'une COULEUR ait un bagage particulier.

Qu'elle représente quelque chose de *spécial* ou encore pas du tout.

Certaines seront plus ou moins utilisées et plus ou moins *valorisées*.

Valoriser, c'est accorder de l'**importance** à quelque chose...ou à quelqu'un.

Alors, comme les COULEURS, il nous arrive d'accorder davantage d'**importance** à ceux et à celles qui nous interpellent (qui attirent notre attention). Et c'est normal.

Tout de même, j'ai envie de terminer en te partageant ceci :

Les **COULEURS**, elles sont si variées qu'on peut toujours en rencontrer une nouvelle, *même lorsqu'on croit qu'on les connait toutes*. C'est, entre autres, ce qui inspire les artistes, je crois.

Et j'aime bien imaginer que chaque personne arrive à voir les tonnes de **COULEURS** que peuvent afficher les autres. C'est un peu ça, la diversité.

C'est aussi prendre le temps de s'observer et de s'émerveiller devant les *teintes*, la beauté et la richesse qui habitent chacun d'entre nous.

Parce que nos **COULEURS**, en-dedans comme en-dehors, elles sont là pour toujours.

Oui, oui!

Je te le dis, c'est Permanent, indélébile, pour toujours et à jamais, encore et pour de vrai!

Nos couleurs

À propos de l'auteure

Isabelle est une artiste, une auteure, une sportive et aussi une maman à l'imagination débordante. Elle aime les défis autant qu'elle adore créer. Son grand plaisir : savourer la vie!

Autres titres parus :

- Pourquoi cours-tu?

  *Collection **Sports**, volume 1*

- Est-ce que tu grimpes?

  *Collection **Sports**, volume 2*

- Une maison pour toujours

- Est-ce que tu m'aimes vraiment?

- Et si je brillais?

Isabelle Bernier

isabellebernierconnexion@gmail.com

Magog-Orford, Québec

Isabelle

www.ingramcontent.com/pod-product-compliance
Lightning Source LLC
Chambersburg PA
CBHW041808040426
42449CB00001B/8